AF464470

LETTRE

AU ROI.

LETTRE
AU ROI,

SUR

L'INDÉPENDANCE DE LA RÉPUBLIQUE

D'HAÏTI,

ET L'ABOLITION DE L'ESCLAVAGE

DANS LES COLONIES FRANÇAISES;

PAR CIVIQUE DE GASTINE.

PARIS,

CHEZ LES MARCHANDS DE NOUVEAUTÉS.

1821.

LETTRE
AU ROI,
SUR
L'INDÉPENDANCE DE LA RÉPUBLIQUE
D'HAÏTI.

SIRE,

C'est un Français, ami de la justice et de la patrie, qui vient, en ce jour, vous révéler d'importantes vérités. Puisse ma faible voix n'être point étouffée par celle des méchans qui vous entourent, et vous apprendre enfin que la république d'Haïti, fille de la révolution française, offre au monde le spectacle consolateur d'une population nombreuse qui jouit en paix, et avec modération, des bienfaits de la liberté et de l'indépendance nationale. Une armée citoyenne formidable, dont les vertus et la discipline égalent ce que nous admirons le plus dans les troupes de l'île de Léon et dans l'armée Napolitaine, suffirait à la défense de la république, si elle était attaquée. Que les ennemis de la liberté des peuples se présentent devant cette île héroïque, quel que soit leur nombre, leur perfidie, leur cruauté,..... *ils n'y trouveront*, ont dit les Haïtiens, *que des cendres mêlées de sang, du fer et un climat vengeur!*...... L'expérience du passé donne un grand poids à ces terribles menaces. Le Gouvernement de cette république naissante, est juste et bienfaisant; il protège l'industrie, les arts, les sciences, et accueille toutes les lumières; gouverner les hommes, n'est pas là, comme ici, l'art de les dépouiller de leurs droits, pour les avilir et les outrager.

Le commerce anéanti en Europe, fleurit chez ces républicains. La prospérité toujours croissante d'Haïti, prouve incontestablement qu'une constitution franchement libérale, religieusement observée, qui consacre le principe social de l'égalité des droits et met le faible à l'abri de la puissance, de l'usurpation du fort, est le plus important des bienfaits de la civilisation. Les rouages de l'administration d'Haïti sont simples, et leur harmonie ressemble à celle qu'on admire dans la nature. Il n'en est malheureusement pas ainsi parmi nous ; nos ministres demandent à grands cris le rapport d'une loi, sur ce que, disent-ils, elle est trop simple, trop claire, trop précise ! (1) à Haïti, les grands corps de l'état, et tous les magistrats n'ont qu'un but : le bonheur et la félicité publique. Tandis qu'en Europe les majorats, les pairies, les noblesses, les dignités héréditaires, laïques et ecclésiastiques, et autres excréments de la civilisation, ruinent les peuples et avilissent les gouvernans ; l'on voit, chez ces heureux insulaires, l'agriculture, les arts, les sciences et le commerce ajouter à la splendeur et à la richesse de la nation.

Les cabinets européens, toujours en arrière de la civilisation, et ennemis naturels de la liberté des peuples, semblent s'être coalisés pour méconnaître l'indépendance de cette nation, et ne considérer la portion du genre humain la plus

(1) Voyez les discussions de la Chambre, relatives à la loi des élections, en juin 1820.

vertueuse et la plus intéressante par ses longs malheurs et son courage héroïque, que comme une poignée de factieux, de brigands, qu'ils regrettent de n'avoir pu ni vaincre ni exterminer. Haïtiens, consolez-vous, soyez toujours justes, sages et vertueux. L'histoire, la postérité, et le roi de France enfin détrompé, vous rendront une justice qu'un grand nombre de vos contemporains vous refusent.

Si je prends la liberté d'exposer avec franchise, à V. M., le véritable état des choses à Haïti, c'est qu'il est tems de faire connaître les ennemis des Haïtiens, et de réfuter leurs calomnies. Les ennemis de ce peuple recommandable à tant de titres, sont les nôtres; ils sont aussi les vôtres. Vous n'avez rien à espérer, Sire, de ces hommes à qui trente ans de proscription, n'ont pu ouvrir les yeux, sur les causes des révolutions populaires; ces hommes, jaloux de notre gloire et de l'amour des Français pour votre personne sacrée, tâchent, par de criminels efforts, de séparer le roi de son peuple, afin de l'associer à leurs projets sanguinaires et insensés, contre l'île d'Haïti. La corruption et le fanatisme, voilà leurs armes; elles seront impuissantes; car les Haïtiens savent, que ce que n'ont pu faire les meilleures troupes du monde, les prêtres catholiques et les missionnaires le feraient aisément, dans tous les tems et dans tous les lieux; les ministres de ce culte, les plus artificieux et les plus fourbes de tous les hommes, ne furent que des artisans de discorde, et de tromperies. L'ennemi le plus dangereux du genre humain est celui qui, le pardon sur les lèvres et la vengeance dans le cœur, met, au nom d'un Dieu de paix et de miséricorde, la désunion dans les familles, excite les citoyens à la révolte, arme le fils contre son père, le frère contre le frère, et aveugle le père au point de lui faire tremper ses mains dans le sang de son propre fils. Ah! si les commissaires que V. M. a envoyés à Haïti avaient été les amis de l'humanité, au lieu de vous faire un tableau hideux et mensonger de l'état actuel de cette île, la première des Antilles, ils n'auraient entretenu V. Majesté que de la prospérité et du bonheur dont jouissent ses industrieux et paisibles habitans; ils vous auraient dit que tout, hors l'esclavage et la misère à laquelle la dernière classe du peuple était en proie avant 93; que tout, dis-je, y a été rétabli par les soins et l'infatigable activité des citoyens et du gouvernement; qu'il ne s'est pas borné à rétablir ce qui avait été ravagé pendant la guerre longue et cruelle qu'ils ont eu à soutenir, pour conquérir leur indépendance; mais que des terrains en friche sont maintenant livrés à l'agriculture; et ajoutent à la richesse et à la prospérité de cette brave et heureuse nation; que des sucreries, des indigoteries, des cafféries s'élèvent chaque jour dans les plaines et sur le penchant des collines, qui semblaient condamnés à une stérilité éternelle, lorsque cette île se nommait *St.-Domingue*, et qu'elle étoit habitée par les criminels fauteurs de la traite et de l'esclavage. Ils vous auraient appris, ces commissaires passionnés, que des tribunaux sont établis dans toutes les villes de la république, et que la justice s'y rend avec une impartialité et une célérité après laquelle on soupire vainement en France, et dans les autres états civilisés de l'Europe. Les monstrueuses lois d'exception qui nous régissent, y sont inconnues; elles y seraient aussi préjudiciables à la prospérité publique, qu'elles le sont chez nous. De pareilles lois ne profitent qu'à ceux qui *se chargent* de les mettre à exécution. Si ces commissaires, avaient rendu à V. M. un compte fidèle de la république et de sa puissance, ils vous auraient dit que les ressources de l'état y sont considérables, même immenses en raison de la modicité des contributions que l'on y perçoit; aussi, quand on considère attentivement ces commissaires et les ministres qui les ont envoyés, à Haïti, des réflexions pénibles viennent en foule se présenter à l'imagination. Ce n'était pas des hommes qui, comme Messieurs *Fontanges* et *Esmangard*, étaient connus des Haïtiens par leurs principes favorables à la traite et à l'esclavage, qu'il fallait charger de cette importante mission. Entre plusieurs Généraux qui ont illustré les armes Françaises, pendant et depuis la révolution, l'on distingue M. le général Roche, originaire des colonies françaises, et que les Haïtiens honorent de leur estime et d'une grande confiance. (1) C'était

---

(1) Il a refusé, en 1803, de faire la guerre de *Saint-Domingue*, parce qu'elle lui semblait injuste et barbare.

Plus tard, il passa au service de Naples, par ordre du gouvernement français. Sa conduite privée et militaire lui mérita toute la bienveillance du Roi Murat, qui l'éleva au grade de Maréchal-de-camp. En 1814, il était sous-chef de l'état-major-général de l'armée napolitaine; c'est alors que Murat l'envoya à Rome, pour y prendre le commandement des troupes napolitaines, avec ordre de recevoir le Pape, avec tous les honneurs dus à sa dignité de chef de l'église. Le Saint-Père, dans cette occasion, également satisfait de la conduite particulière de M. le général Roche et de la discipline de son armée, lui adressa personnellement les choses les plus flatteuses. De retour à Naples, cet officier supérieur fut nommé gouverneur de Salerne, la plus belle province du royaume.

sur un tel sujet, dont le dévouement à V. M. ne peut être révoqué en doute ; et dont le Pape actuel, S. S. Pie VII, n'a eu qu'à se louer dans les rapports politiques qu'il a eus avec lui, que devait tomber le choix de vos ministres ; mais ceux-ci avaient bien moins pour but de servir les intérêts de la Patrie et de V. M., que ceux de ce gouvernement occulte signalé si courageusement par M. Madier de Monjaud. Cet honorable dévouement lui a valu des persécutions semblables à celles dont M. *Morenas* est devenu l'objet, pour avoir eu la hardiesse de dénoncer à la Chambre des Députés de 1820, la continuation criminelle de la traite des Noirs. La conduite de MM. Fontanges et Esmangard a laissé à Haïti, sur les intentions du Gouvernement Français à son égard, une opinion fâcheuse et extrêmement défavorable ; il sera bien difficile de la détruire. Tous les publicistes philosophes de l'Europe les ont blamés, et voici ce que pensait M. le Général Jubé, publiciste aussi profond que Capitaine habile, de la correspondance de ces commissaires avec le citoyen Pétion, qui était, alors, président de la république : « *Les lecteurs accoutumés à réfléchir pourront remarquer les principes hautement professés par MM. les commissaires, ils compareront, par exemple, ce passage de leur lettre n°. XIII.* « *Les droits du roi, qui sont imprescriptibles,* « *ne peuvent être détruits ni altérés en rien,* « *parcequ'il en a perdu momentanément l'exer-* « *cice;* » avec le préambule de la Charte : « Nous « avons considéré que, bien que l'autorité toute « entière résidât en France dans la personne du « roi, nos prédécesseurs n'avoient point hésité à « en modifier l'exercice, suivant la différence des « temps. *C'étaient de singuliers conciliateurs,* « *ajoute M. le Général Jubé, que ceux qui* « *proclamaient que toute cession de droits ne* « *pouvait être que précaire. Le résultat de la* « *mission pouvait être prévu avant leur départ,* « *et l'on pouvait économiser les frais de leur* « *voyage.* »

Le gouvernement de la république d'Haïti est économe, il est libéral, et tend directement au bonheur et à la félicité des gouvernés. Les fortunes des particuliers y sont à la disposition de l'état, parceque celui ci ne peut en faire un mauvais usage. Il est bien faux de croire que la puissance d'un gouvernement, est en proportion de la quantité d'argent qu'il arrache aux citoyens; c'est tout le contraire, les peuples ne sont pas naturellement portés à secourir et défendre ceux qui les accablent sous le poids des charges, des abus et des vexations. Un Code de lois justes et bienfaisantes, parfaitement adapté aux mœurs des Haïtiens, et récemment promulgué, est déja un sujet d'admiration pour tous les amis de l'humanité. Dans ce Code qui fera le bonheur et la prospérité des Haïtiens, l'on ne voit point les vices dont notre législation est entachée, et que M. Carnot, conseiller à la Cour de cassation et frère de l'illustre proscrit, a signalé avec tant de profondeur et d'énergie, en 1818, dans un ouvrage ayant pour titre : *le Code d'instruction criminelle mis en harmonie avec la Charte et l'humanité*. L'intérêt national, Sire, réclame à grands cris, que le gouvernement français vienne au secours du commerce et de l'industrie ; il en a les moyens ; son inaction, si elle se prolonge davantage, pourrait faire douter, non seulement de la justesse de ses vues, mais encore de la droiture de ses intentions. Que les ministres se hâtent par des efforts patriotiques et des secours plus considérables que ceux qu'ils distribuent avec emphase aujourd'hui, d'encourager les arts et l'industrie française ; qu'ils cessent de jeter sur le commerce des regards cupides, qui ne décèlent de leur part, qu'une criminelle envie de s'emparer de ses trésors, comme d'une proie.

Il conviendrait mieux, sans doute, de le débarrasser des entraves, des pièges et des embûches nombreuses dont il est la victime. Il ne peut en être autrement depuis la mise à exécution, parmi nous, du système ignoble et frauduleux de lois mercenaires, incomplètes et embrouillées, qui régissent nos finances ; qu'ils purgent notre législation de ces vices capitaux, et destructeurs de toute prospérité publique ! Alors seulement renaîtra la confiance entre le commerce et le Gouvernement ; l'industrie, mère de la prospérité, reprendra une activité nouvelle, et versera ses bienfaits sur la patrie. Si dans un pareil état de choses, la France proclame et reconnait l'indépendance de la république d'Haïti, par les richesses immenses qu'elle en retirera par la voie juste et facile des échanges, la France, dis-je, pourra considérer encore la première des Antilles, comme sa colonie. Il ne sera pas dit, Sire, dans la postérité, que l'ambition de dominer sur ses contrées lointaines ait étouffé dans votre cœur ces beaux sentimens de philantrophie qui signalèrent si bien V. M., dès l'aurore de la révolution française. Ce n'est pas le nombre des sujets, l'étendue des empires qui font la gloire, la puissance des rois ; c'est la somme de bonheur dont jouissent les citoyens ; c'est rendre service à l'humanité, c'est se rendre utile à la France, que de reconnaître franchement et proclamer l'indépendance d'Haïti. Rien n'est plus aisé à prouver que la fausseté des craintes affectées par plusieurs personnes, de voir les Haïtiens, et d'eux-mêmes, renoncer à commercer avec nous. Ces craintes, suscitées méchamment par les ennemis des Haïtiens et les nôtres, sont sans fondement, et même sans la moindre vraisemblance; c'est ce que je vais prouver tout-à-l'heure. Puisse le ministère se rappeler l'époque qui suivit immédiatement l'indépendance des Etats-Unis d'Amérique, et la position réciproque de l'Angleterre et de sa colonie ; qu'il considère en même-temps la république d'Haïti et notre position envers elle, et il reconnaîtra la plus grande analogie entre la France et l'Angleterre, relativement à leurs anciennes colonies! Qu'est-il résulté, pour l'Angleterre, de la scission de sa colonie d'Amérique ? aucun préjudice. Le cabinet de Saint-James, au contraire, fut allégé des dépenses considérables dans lesquelles l'administration de ses colonies l'entraînaient. Les américains continuèrent, et même étendirent leurs relations commerciales avec leur ancienne Métropole ; il ne pouvait en être autrement, une colonie qui se détache de la mère patrie ne brise pas, par cette action, tous les liens qui l'attachaient à elle. Une pareille scission n'est pas dans la nature de l'homme; quand elle a lieu, ce n'est que lorsqu'elle est devenue indispensable, de la part de la colonie, et qu'il ne lui reste plus que ce déplorable moyen de se soustraire à la domination et au despotisme de ses tyrans; aussi, est-il toujours à la disposition de la Métropole de l'empêcher, par sa conduite juste et équitable. L'Amérique ne voulut pas rompre des relations commerciales qui rattachaient un nombre considérable de ses citoyens à l'Angleterre, où était placée la majeure partie des fortunes. L'on s'accorde à reconnaître aux nations, comme aux individus dans le pur état de nature, un instinct qui les portent à agir en faveur de leur intérêt particulier, et c'est ce qui explique ce que quelques politiques, *peu philosophes*, nomment *l'ingratitude* de cette république envers la France, qui a si puissamment contribué à son indépendance; ce qui est arrivé de la scission des Etats-Unis envers l'Angleterre qui croyait y perdre, et la France qui comptait en profiter, arriverait sûrement aujourd'hui entre nous, Haïti et la Grande Bretagne, si les ministres voulaient ouvrir les yeux. Il est bien réel que les Haïtiens feraient aux Anglais, qui les ont secourus et aidés à devenir libres, la réponse que nous firent les américains, quand nous leur reprochâmes leur *ingratitude : ce n'était pas par intérêt, par amitié pour nous*, dirent-ils, *que vous nous avez aidés à conquérir notre indépendance ; ce n'était que dans le dessein de nuire à votre ennemi.* Il est réel et incontestable que les rapports et les liaisons commerciales et politiques seraient toujours plus resserrées entre Haïti et la France, qu'avec toute autre nation civilisée de l'ancien et du nouveau monde. Il est facile de s'en convaincre en considérant avec quelqu'attention que, parlant la même langue, ayant presque les mêmes goûts, les mêmes besoins, la même religion, les Haïtiens seront toujours plus enclins naturellement à trafiquer avec la France, qu'avec toute autre nation commerçante du monde.

Un nouvel ordre de choses s'établit en Europe, Sire ; il est l'enfant de la civilisation. La providence, en vous plaçant sur le trône, semble avoir appelé un descendant d'Henri IV, à réparer les fautes de ses prédécesseurs. Une des principales, des plus préjudiciables à la patrie, et qui a puissamment contribuée à l'avantage que l'Angleterre a eu si long-temps sur nous, c'est l'espèce de déshonneur qui, avant la révolution, était attaché à l'industrie, aux arts, au commerce. Le gouvernement français, à l'époque du commencement de la monarchie, ayant commis la faute de créer une noblesse héréditaire, eut le tort non moins grave de ne la donner le plus souvent en récompense, qu'à des gens qui n'avaient pas bien mérité de la patrie, ou à des individus nuisibles à la société. C'est ainsi que de nos jours l'on a vu des délateurs, des traîtres et des parjures obtenir, à force de bassesses et d'intrigues, des récompenses que V. M. n'eût décernées qu'au mérite et à la vertu, si l'on avait laissé la vérité arriver jusqu'au trône. Pendant que les rois vos prédécesseurs, inspirés par le génie du mal, accordaient tous les honneurs, tous les priviléges, à la classe la moins méritante et la moins honorable de leurs sujets, ils mettaient le sceau à leur incapacité, en qualifiant *ignobles et déshonorans*, les arts utiles; comme s'ils avaient ignoré que ceux qui les exercent, répandant l'aisance parmi les citoyens, contribuaient, non-seulement à la prospérité nationale, mais encore à réparer les dépenses inutiles de la Cour, les exactions, les ravages, les concussions des nobles, les escroqueries des prêtres et la dilapidation des finances du royaume? Que pouvait-il résulter de cet état de choses ? Ce qui arriva malheureusement, que les arts, avilis et méprisés en France, restèrent dans un état de faiblesse, d'inactivité qui a fait à la patrie un tort, que l'activité imprimée aux esprits par la révolution, pût seule réparer. C'est ainsi que le point d'honneur qui est un lévier si puissant pour le bien de l'humanité, lorsqu'il est manié par des mains habiles, devient nuisible et dangereux, quand ceux qui tiennent les rênes d'un état, prodiguent l'honneur à des hochets dignes de la pitié des sages et des mépris du juste. Sire, pour que la France puisse rivaliser avec avantage contre les autres nations manufacturières de l'Europe, il serait sans doute à propos, non d'ennoblir ce privilége odieux et toujours funeste, mais de rendre honorable tout ce qui ne l'était pas avant la révolution ; c'est-à-dire, toutes les professions, tous les arts, tous les états. La postérité verra avec le plus profond mépris le règne de ces rois qui accordaient à la naissance, sur le mérite personnel, une préférence injuste et ridicule. Avant la révolution, les artistes en France se hâtaient d'abandonner leur profession au moment où ils y avaient acquis une grande expérience, et les lumières nécessaires pour la perfectionner. Ils achetaient une charge, *dite honorable*, de secrétaire du roi; dès lors, le citoyen le plus utile à l'état devenait tout-à-coup nuisible à sa patrie et à ses concitoyens. En portant ses regards sur le passé, l'on voit combien la spéculation qui a établi cet ordre de choses, a été fatal à la France. Cette *vénalité des titres* n'a pas peu contribué et avilir la noblesse, à la rendre méprisable et ridicule au point où nous la voyons aujourd'hui.

L'on séduisait ainsi, l'on abusait de la faiblesse, de la candeur du citoyen vertueux, pour lui vendre fort cher des charges dérisoires et méprisées de ceux-là même qui les avaient imaginées. En fallait-il davantage pour dégoûter l'artiste de sa profession, et le décider à l'abandonner ? . . . . Qu'est-il résulté d'une conduite aussi coupable ? Que, pour l'appât de quelques millions que l'on s'est procurés lentement par ce système de corruption, l'on a ruiné le commerce dont la prospérité soutenue aurait rapporté à l'état et à la patrie des sommes infiniment plus considérables. Le despotisme est bien certainement de tous les maux dont un état puisse être attaqué, le plus grand, le plus préjudiciable. Montesquieu avait bien raison quand il disait : *le gouvernement despotique est en tout semblable au sauvage du Canada, qui coupe l'arbre par le pied, pour en cueillir le fruit.*

Monarques du nord de l'Europe croyez-vous donc que les peuples prendront le change sur vos intentions, vos projets liberticides? L'on ne peut douter aujourd'hui que, par une politique monacale et meurtrière, qui, sous le voile d'une fausse humanité, cache les principes mortels d'une dissolution générale, vous vous proposez d'enchaîner les nations. Les principes sanguinaires et anti-philantropiques qui vous animent sont tels, que vous préférez détruire l'ordre social, plutôt que de vous associer généreusement et franchement au nouvel ordre de choses, qui se prépare, et dont aucune force humaine ne saurait empêcher l'établissement.

Ce ne peut être que le génie du mal qui a si fortement persuadés certains Princes, qu'ils trouveraient, dans l'effet rétroactif des lumières, et le bouleversement de l'Europe, une régénération chimérique des pouvoirs immenses dont ils ont été revêtus jusqu'à ce jour, et dont ils ont tant abusé!

Si une guerre des rois despotes contre les

peuples s'allume une fois en Europe, quelle que soit la force de leurs troupes, le nombre de leurs partisans, vainement ces rois coalisés se flatteraient de rester maîtres des événemens, et de pouvoir les diriger à leur gré. . . Ils seront emportés eux et leurs satellites, par le torrent d'une incalculable révolution, et perdus au fond des abîmes qu'ils auront creusés sous leurs propres pas. . . . . Qu'ils réfléchissent, mais qu'ils s'arrêtent, et surtout qu'ils se gardent bien de mettre en mouvement tant de passions chez une masse d'hommes aussi considérable, composée de tant de peuples divers, dont les intérêts sont si variés, et chez qui la civilisation a fait de si grands progrès ! ! ! Ils ont appelés à leur secours les ministres du culte, et ceux-ci se sont empressés d'accourir. . . . . ô comble d'aveuglement ! . . . le clergé, dupe de ses passions, oublie donc totalement que sa force est purement morale, et ne réside que dans la tradition des principes d'un *dieu de paix et de liberté*, et dans la vénération des peuples. Croit-il qu'en renonçant à l'opinion publique, il se rende plus respectable, plus puissant ? Il ose déjà, sans rougir, annoncer aux peuples que le chemin de la vertu est changé. . . . . et il qualifie du titre d'athée, de séditieux ceux qui, rappelant la morale divine et les dogmes du culte qu'il prêche, font tous leurs efforts pour l'éclairer, et le retenir sur les bords du gouffre où il va se précipiter. . . . . Complices des projets des tyrans, les prêtres s'éloignent de plus en plus du sanctuaire . . . . . Les amis de la morale et de la religion gémissent, en les voyant chaque jour déserter l'autel sacré, aux pieds duquel ils doivent se prosterner et adresser leurs vœux à l'éternel, pour conjurer les tempêtes et les complots des méchans.

Le commerce en France, pour reprendre toute son activité, ne demande que trois choses : la liberté, l'appui du gouvernement et l'indépendance de la république d'Haïti. Quant aux commerçans français qui seraient disposés à trafiquer avec les Haïtiens, ils ne doivent point s'abuser sur la nature des relations à établir avec cet interressant état. Ils n'auront pas à traiter avec des colons ignorans et asservis. Mais c'est avec la nation de la terre la plus jalouse de ses droits ; c'est avec un peuple libre, franc, loyal et généreux. Il est donc indispensable, si l'on veut établir des relations durables avec Haïti, d'être pourvu d'une grande loyauté, de vues étendues, bienfaisantes et surtout libérales. Beaucoup de personnes influencées par *la faction colo-*

niale, ne considèrent les Haïtiens que comme des sauvages, ou tout au plus, comme des gens à demi-civilisés. Qu'ils se détrompent! il est temps que la vérité paraisse avec tout son éclat. Dix-sept ans de liberté, d'indépendance et d'exécution de la plus belle constitution du monde, joints aux efforts généreux et au désintéressement patriotique des magistrats de cette république, y ont propagé des lumières qui la mettent au rang des États-Unis et de plusieurs contrées de l'Europe. Mais il est consolant pour les amis de l'humanité de reconnaître que la grande majorité des négocians français, à l'abri de toute influence mensongère, rend à la nation Haïtienne une justice qu'on ne pourra lui refuser nulle part, quand elle sera mieux connue et moins calomniée. Ces sentimens distingués et vraiment philantropiques du commerce français, n'ont rien de surprenant, quand l'on voit qu'il a choisi pour le représenter, à la Chambre des Députés, les Lafitte, les Perrier, les Delessert, les Laroche, etc. Ces courageux citoyens prouvent journellement, par leur conduite, que le Député fidèle et patriote sait remettre en d'autres mains les soins de ses propres affaires, pour donner plus d'attention à celle de sa patrie. Puisse l'exemple généreux de leur désintéressement et de leur zèle pour le bien public, n'être pas perdu pour le monde, et servir, un jour, de modèle à tous les représentans des peuples libres.

Lorsqu'une nation déploie dans son sein, une grande activité, une grande industrie, après l'agriculture, le commerce est son principal soutien ; si ceux qui l'administrent ou la gouvernent, négligeaient d'encourager l'exploitation de cette source éternelle de richesses et de prospérité, il en résulterait les plus grands maux et des malheurs irréparables, produits par l'excès de sa population et de son travail sur sa propre consommation. Ce n'est donc qu'en se livrant avec ardeur au commerce extérieur, qu'une nation peut empêcher la réaction, sur elle-même, de ces moyens surabondans (1). Il n'est personne de sensé qui ne soit intimement convaincu qu'un commerce libre entre la république d'Haïti et la France, ne soit, pour l'amélioration de la culture et de notre industrie, l'évènement le plus heureux, le plus désirable. Ce résultat est immanquable ; car, l'activité et la perfection des fabriques tient essentiellement aux débouchés de leurs produits ; un ministère sage et prévoyant

(1) *Brissot de Watville*, de la France et des Etats-Unis, édit. de Londres, 1787.

doit diriger ses efforts vers ce but. Il est donc incontestable que, dans la position actuelle des deux États, leur analogie, leurs besoins, leurs productions examinées et comparées, une paix durable avec Haïti ne soit mille fois préférable à nos prétentions sur cette île.

Mon opinion sur les avantages considérables qui résulteraient pour la France, de l'indépendance d'Haïti, n'est point isolée, et j'ose assurer V.M. que la majorité des Français la partage. Voici ce que M. Toulotte, ancien sous-Préfet, écrivait, en 1819, sur la nature des rapports qu'il jugeait utile d'établir entre la France et Haïti, pour l'avantage réciproque des deux nations : « *Si la France adoptait le beau et généreux principe de l'indépendance d'Haïti, il en résulterait les plus grands avantages pour les deux États : Non-seulement cette cité ne tarderait point à être, pour les objets de notre languissante industrie et de notre commerce presque ruiné, un lieu d'exportation considérable, et un marché qui, rendant la vie à nos manufactures, retiendrait parmi nous d'habiles ouvriers que la main du désespoir conduit jusques sous les glaces du nord. Nos relations d'amitié avec les Haïtiens*, continue M. Toulotte, *nous fourniraient, outre d'incalculables richesses que n'arroserait plus le sang humain, les bois de construction qui nous manquent, et nous ouvriraient des ports nombreux, sûrs et commodes; où se formeraient des flottes destinées au commerce, et des vaisseaux de guerre qui seraient, dans peu d'années, en état de balancer les forces navales qu'entretiennent ordinairement les Anglais dans ces parages».* L'on ne saurait exposer avec une plus noble simplicité des sentimens aussi patriotiques, et en même tems aussi conformes aux principes de l'humanité, que ceux de M. Toulotte. Puisse les vœux de cet estimable citoyen, triompher un jour des obstacles que leur opposent sans cesse les obscurs ennemis de la liberté et de l'indépendance des nations !

Encore une fois, quand notre industrie sera protégée, encouragée, débarassée des liens qui l'étranglent, et soutenue par le Gouvernement, elle n'aura pas de rivale dans l'univers. — Alors, mais pas avant, non-seulement Haïti, mais toutes les parties du nouveau monde, seront pour nous des colonies d'un genre nouveau, plus conformes aux droits de l'homme et aux lumières du siècle, que celles dont nous faisions le malheur, en nous ruinant.

Haïti n'offre pas, comme les monarchies de l'Europe, ces inégalités énormes de fortune parmi les citoyens, la civilisation, mieux entendue chez eux qu'ici, n'y a encore produit que des résultats bienfaisans, et conservateurs de la société; aussi n'aperçoit-on pas, sur cette terre libre, des déserts affreux d'un côté, et de l'autre des amoncèlemens d'hommes, où gissent à la fois toutes les vertus et tous les crimes : la candeur, la naïveté, la fourberie, la scélératesse, la piété bienfaisante et l'hypocrisie malicieuse; enfin tous les vices, toutes les corruptions. L'on ne trouve point à Haïti, comme en Europe, des richesses immenses accumulées dans les villes, et la misère dans les provinces; l'activité dans une contrée, le découragement et une complète inaction dans l'autre. L'on voit, en France, des terrains fertiles, propres à la culture d'objets dont les produits ajouteraient à la prospérité publique, livrés au luxe, tandis que, dans d'autres contrées, l'on rencontre des landes, des bruyères d'une étendue immense, qui n'attendent que des bras et le secours du Gouvernement, pour produire avec abondance. Des hommes qui ne sont rien moins que philosophes, se sont imaginés, à l'aspect de la population de quelques villes, que la France était peuplée de même partout; ils ont conclu, de là, qu'il existait un *trop plein*, et que nous devions former des colonies; ils s'abusaient; la pure, l'exacte vérité est que ce prétendu trop plein est chimérique et qu'il existe, au contraire, une disette réelle de bras; elle se fait encore bien autrement sentir dans les campagnes, cette disette. Avant de songer à former des colonies sur des rivages lointains, ne serait-il pas plus à propos de songer sérieusement à l'amélioration de son régime intérieur? d'encourager le reflu des habitans des villes dans les campagnes, comme de mettre des obstacles à l'émigration des habitans de la campagne, pour se fixer en ville?

Si la France, par malheur, venait à reprendre possession de l'île d'Haïti, il ne faut pas s'imaginer que nous y trouverions une colonie toute faite; elle serait à faire, ce qui est bien différent. Il sera toujours plus honorable, plus profitable et plus juste à la France de faire un bon traité de commerce avec Haïti, que de tenter de la conquérir, et d'y porter le fer et la désolation; la France n'est, ni ne sera de long-temps, en état d'exécuter un aussi injuste, un aussi odieux projet. Le signal de la guerre contre Haïti serait le signal du massacre et du plus horrible carnage.

Résolus, comme ils sont, de défendre leur liberté ou de s'ensevelir sous les ruines de leur patrie, les Français, quel que fût leur nombre et leur projet, auraient à peine touché ce sol qui fut jadis funeste à un si grand nombre de nos frères, que la fierté, qui est naturelle aux Haïtiens, élèverait leurs âmes au-dessus de la terreur! leur valeur et le souvenir de leur gloire les animeraient d'un nouveau courage, et ils ne verraient rien de plus à redouter que la servitude. Ils feraient voir au monde, dès le commencement de cette lutte, qu'une nation brave ne balance pas entre la mort et le déshonneur. A l'approche de l'ennemi, l'on verrait, chez les Haïtiens, la manifestation de cet admirable esprit d'union de dévouement et de patriotisme, qui s'est fait remarquer à Naples, à la nouvelle des résolutions du *congrès* de Laybach. De quel droit l'Empereur d'Autriche vient-il troubler le repos du monde, et offrir aux braves Napolitains l'esclavage ou la mort? Plus tard, il reconnaîtra sans doute combien il a été trompé. Ils sont bien coupables, ces diplomates égoïstes, doués par la nature de quelques moyens, et qui ne s'en servent que pour tromper et séduire. Il n'est malheureusement que trop considérable, le nombre de ceux qui font de criminels efforts, pour induire V. M. en erreur sur la nature de la révolution *de Saint-Domingue*, et sur les bases durables de la république d'Haïti, qui en est l'heureux résultat.

Ces hommes, aveuglés par leurs passions, leur avarice, traitent de séditieux, de désorganisateurs, ceux qui soutiennent et démontrent, dans l'intérêt de la justice, de la vérité, que le gouvernement français n'a rien à opposer à la révolution *de Saint-Domingue*, qui puisse la faire rétrogader; des efforts secrets, des tentatives déshonorantes ont été provoquées par vos ministres, Sire, et ils ont fait plusieurs fois usage, *à votre insçu*, de ces illicites, de ces odieux moyens. Qu'en est-il résulté? qu'ils se sont attiré le blâme général, le mépris de toutes les âmes vertueuses, et qu'ils ont manqué de verser sur la patrie des calamités, des malheurs nouveaux. C'est une insulte à la raison, au genre humain, de traiter de conspirateurs, de rebelles, de brigands, la totalité des citoyens formant une nation; il ne faut pas s'abuser sur l'état des choses à Haïti, et sur le bon esprit des citoyens de cette intéressante république; il ne s'agit pas de la dissolution d'un parti, de l'arrestation de quelques factieux, ou même de leur mort, pour y occasionner une contre-révolution; elle y est, et y sera toujours de toute impossibilité. Je ne crains pas de faire ici la terrible prédiction que si jamais la France rétablit l'édifice de sa domination à Haïti, ce ne sera que sur les cadavres ensanglantés de plusieurs centaines de milliers d'hommes libres et désespérés, qui vendront chèrement leur vie. Cette idée seule fait saigner votre cœur paternel, et vous frémissez d'horreur, Sire, en considérant la perversité et les criminelles espérances de ces anciens colons qui cherchent à vous entraîner dans la vaine et dangereuse conquête de cette île.

Les colons de Saint-Domingue ont eu, lors de la révolution de cette contrée, les torts les plus graves. Ils ont commis des fautes capitales, dont aucune force humaine ne saurait détruire les résultats. Ces fautes sont les principales causes de leur perte ; la première, et sans doute celle qui a le plus puissamment contribué à leurs malheurs, c'est de n'être pas entré avec sincérité dans les sentimens de cette révolution, qui avait pour but unique, de rétablir la *liberté* et *l'égalité* entre les hommes de toutes les couleurs et de toutes les contrées de la terre. L'on ne résiste pas impunément aux révolutions semblables à celles de la France, et de *Saint-Domingue*.

Les colons se sont mis en travers du torrent. Ils croyaient lui résister, arrêter ou détourner son cours. Les insensés ! La sagesse leur commandait d'en chercher la source, pour en suivre franchement la direction ; c'était le seul moyen de parvenir à en modérer l'impétuosité et d'en faire fructifier les effets. Aucune force humaine ne devait prétendre l'arrêter que là où la nature devait lui opposer des digues. La fausseté, le ridicule des systèmes politiques que rêvent chaque jour les anciens Colons, pour redevenir *propriétaires* à Haïti, n'ont d'autres bases que des notions factices et mensongères ; l'on ne peut se défendre de sourire de pitié, quand l'on examine, avec quelqu'attention, les projets bizarres et profondément absurbes que proposent journellement la faction coloniale, pour s'emparer de cette île qu'ils nomment encore *Saint-Domingue.* Croient-ils donc à la France, la volonté et les moyens d'entreprendre une guerre injuste, et dont les succès lui deviendraient par la suite, plus funestes que ses revers passés. Après nous être épuisés d'hommes et d'argent, maîtres de *Saint-Domingue* ravagée, avec quoi y établirions-nous une colonie ? Combien faudrait-il attendre d'années, avant de retirer d'une semblable entreprise, les sommes incalculables qu'il en aurait coûté pour la France ; mais, messieurs les Colons, êtes-vous bien sûrs que vos *bons amis les Anglais*, à qui vous avez déjà vendu et livré *Saint-Domingue*, *au préjudice de S. M. le Roi de France, et de la patrie*, ne soutiendraient pas, suivant leur *noble* coutume, les prétentions que vous n'aviez pas le droit de leur donner, sur cette île, mais qu'ils ne manqueraient pas de faire valoir s'ils vous en voyaient *possesseurs!* vos espérances, ainsi que vos projets sont pitoyables; car, dans la vérité, que proposez-vous? Précisément ce que Lafontaine nous apprend par sa fable du *conseil tenu par les rats*; ils se disent qu'il faut

. . . . et plus tôt que plus tard,
attacher un grelot au cou de rodillard.

Ce que vous proposez chaque jour au Gouvernement, est de la dernière extravagance; enfin, ce que vous lui dites, équivaut à ceci : *MM. les ministres, il y avait jadis à Haïti une belle et riche colonie que l'on nommait* SAINT-DOMINGUE, *dont nous étions les principaux habitans. Le Gouvernement français nous gênait beaucoup, aussi,* PAR AMOUR POUR LE ROI ET LA PATRIE, *nous avions pris la ferme et sage résolution de secouer le joug, et de déclarer notre indépendance. Pour exécuter ce beau dessein, il ne nous manquait qu'une chose, du courage; quant à l'argent nous en avions. La révolution française est venue renverser nos projets* PATRIOTIQUES *et détruire cette belle et séduisante maxime de* PHILANTROPIE COLONIALE; *que la liberté est faite pour certains blancs, et* L'ESCLAVAGE POUR TOUS LES NÈGRES. *Ces* SENTIMENS GÉNÉREUX *sont encore dans nos cœurs, où nous les entretenons soigneusement, pour les* ENSEIGNER ET LES PROPAGER UN JOUR. *Puisse ce moment si désiré, arriver dès aujourd'hui! nous vous prions donc, nous vous supplions, nous vous conjurons, MM. les ministres, d'équiper une escadre à Brest ou à Lorient, peu nous importe; d'y faire embarquer toute la garde royale, qui est la seule troupe sur laquelle on croit pouvoir compter un peu. Les troupes étant embarquées, vous mettrez de suite à la voile; que le temps soit beau ou orageux, cela nous est encore égal, pourvu que vous cingliez sur Saint-Domingue; arrivés dans cette île, vous ne consulterez ni* LA FORCE *des armées des* BRIGANDS, *ni le* CLIMAT PESTILENTIEL *pour les européens, ni les* DANGERS, NI LA FATIGUE, *ni les privations* en tous genres, auxquelles *vous serez livrés pendant plusieurs années ; vous considérerez seulement qu'il s'agit de* NOUS RENDRE UNE COLONIE *que nous avons perdue par notre opiniâtreté à ne pas nous conformer aux lumières du siècle.*

Pour RÉCOMPENSER *le grand nombre des soldats qui mourront de fatigue, et le nombre plus considérable encore, qui sera moissonné par la* FIÈVRE JAUNE, *nous aurons soin de les faire enlever secrètement pendant la nuit, et nous les jèterons à la mer, où les* REQUINS *les auront bientôt mangés ; le lendemain matin nous dirons qu'ils sont retournés en France, par* CONGÉ DÉFINITIF, *et l'on nous croira. Ce n'est pas là tout ; pour* FACILITER *cette conquête nous aurons bien soin d'éluder la défense que vous nous ferez* POLITIQUEMENT *de faire paraître nos prétentions relatives au rétablissement* DE LA TRAITE DES NÈGRES ET DE L'ESCLAVAGE ; *nous députerons à cet effet les plus exagérés d'entre nous ; ils se rendront à la Martinique, à Cuba ou à la Jamaïgue, et c'est de là, que par des écrits incendiaires, dont ils inonderont* SAINT-DOMINGUE, *ils auront soin d'instruire les nègres de nos vues* PHILOSOPHIQUES ET BIENFAISANTES. *Quand vous aurez conquis une certaine étendue de terrain, nous*

nous présenterons, pour en prendre possession et nous y établir. Ayant eu soin de CONSERVER *tous nos contrôles et autres listes nominales de nos esclaves, nous aurons soin, lorsque vous ferez des prisonniers,* D'ALLER LES RECONNAÎTRE, *et nous en emparer* POUR LES REMETTRE DANS LES FERS. *Quant à ceux qui ne seraient reconnus par aucun maître, nous les partagerons entre nous; ce sera un dédommagement de la perte de ceux de* NOS NÈGRES *qui seraient tués dans cette guerre dont la France supportera tout le poids, les ministres tout le déshonneur, et nous tout le bénéfice.* Telles sont les espérances, les projets, les désirs de la faction coloniale. Ces *conservateurs* de la traite et de l'esclavage, imbus de leurs vieux préjugés, et ne voulant point en *démordre*, seraient plus préjudiciables qu'on ne pense au succès de toutes les tentatives que la France pourrait faire contre Haïti.

Il est réel que si le Gouvernement français reprend jamais possession de cette île, ce ne peut être qu'à la suite d'une guerre d'extermination; car, un peuple qui a fermement résolu de vaincre ou de périr, ne laisse aux vainqueurs, que des ruines sanglantes et embrâsées!... tout serait donc détruit, tout serait ravagé; nous ne serions en possession que d'une terre couverte de cadavres et de décombres ; maîtres de *Saint-Domingue*, les français n'auraient, ne possèderaient rien. Le rétablissement des habitations nous offriraient des obstacles nouveaux et presqu'insurmontables ; pour se former une idée de ce qu'il en coûterait pour les reconstruire et les garnir des ustensiles indispensables à leur exploitation, qu'on se ressouvienne que *les citoyens, commerçans, colons, agriculteurs, manufacturiers, et autres de la Ville de Nantes, adressèrent le 4 novembre 1792, à la convention nationale, une pétition dans laquelle ils demandèrent un emprunt sur le trésor public, de quatre-vingts millions par an, pendant quatre années, pour la reconstruction* SUR LES HABITATIONS, *l'achat des bœufs, chevaux et mulets nécessaires à la culture, celui des matériaux, outils et autres objets indispensables pour le rétablissement de la colonie, remboursables par elle en vingt années, par portion égale à commencer de janvier mil sept cent quatre-vingt dix-sept.* A cette époque (1792), le Port-au-prince n'avait pas été brûlé, la riche ville du Cap existait encore, enfin, il n'y avait pas eu un cinquième des habitations de la colonie de détruit ou ravagé, et, de l'aveu même des Colons et du commerce de la ville de Nantes, *trois cent vingt millions* étaient indispensables pour réparer ces malheurs. Que l'on juge maintenant ce qu'il en coûterait pour rétablir tout ce qui serait anéanti dans la conquête d'Haïti : il faudrait plus D'UN MILLIARD SIX CENTS MILLIONS ! La France est-elle en état de faire l'avance d'une somme aussi considérable ? Mais, ce n'est pas le tout de faire une avance, il faut encore savoir quand l'on sera remboursé ! Nous voyons que les Colons en possession des quatre cinquièmes de leurs propriétés, demandaient 25 ans, (du 4 novembre 1792 à l'an 1817) pour le remboursement de la somme de 320,000,000 f. 00 c. nécessaire afin de réparer leurs pertes; ainsi, dans combien d'années, MM. les Colons qui n'ont rien, seraient-ils en état de rembourser à la France un MILLIARD SIX CENTS MILLIONS ? Si M. de Serre était chargé de répondre, ce serait la plus belle occasion possible de répéter son fameux JAMAIS !... dans la position actuelle des deux états, je le repète encore, vouloir faire la conquête d'Haïti, pour y établir une colonie, serait, de la part du ministère, le projet le plus pitoyable, le plus extravagant que l'on puisse imaginer; qu'une semblable chimère existe dans les cervaux creux et *fêlés* de nos vieux

Colons, cela se conçoit facilement ; mais, que *ces bonnes gens* aient eu, depuis trente ans, assez d'influence sur les ministres des Gouvernemens qui se sont succédés en France, pour les associer à leurs projets, c'est ce qui n'est pas aussi facile à expliquer.

Un fait presqu'incroyable, mais qui ne surprendra pas ceux qui connaissent nos vieux colons, c'est que des personnes dignes de foi m'ont assuré que dans une réunion de plusieurs planteurs réfugiés, qui a eu lieu, il y a peu de jours, dans le Faubourg St.-Germain, l'un d'eux a cédé à un ancien propriétaire de *Saint Domingue*, moyennant le droit de passage sur une pièce de terre faisant partie jadis de son habitation, cinq Nègres qui occupent, à Haïti, des emplois honorables dans la magistrature et dans l'armée, et dont il *conserve* les noms sur ses registres ; non, Messieurs les colons, pour votre repos et pour la paix du monde, je vous conseille de renoncer à vos projets extravagans. Ce n'est plus sur Haïti, mais bien sur *Charenton* que vous devez désormais tourner vos regards, pour y fonder *votre colonie* ; il fallait être aliéné, autant que vous l'êtes, pour croire un moment que le Gouvernement français suivrait vos avis insensés ;

vous vous êtes follement imaginés qu'il vous suffisait, pour décider le roi à tenter la conquête de *Saint Domingue*, d'intriguer, de corrompre, de séduire, de tromper et d'encombrer les avenues du château et les appartemens. Ce n'est pas ainsi que se traitent, que se décident les affaires, dans une monarchie constitutionnelle; lorsque, dans vos conciliabules du *Faubourg Saint Germain*, vous vous *vendez* des *noirs*, vous ressemblez exactement, comme le remarque *Locke*, à des gens qui, sans argent et sans connaissance des espèces courantes, compteraient de grosses sommes avec des jetons qu'ils appelleraient des écus, des francs, etc. Quelques calculs qu'ils fissent, *les résultats ne seraient jamais que des jetons*. Trop long-temps, et pour le malheur de la patrie, le Gouvernement s'est laissé influencer par la faction coloniale; depuis près de trente ans qu'elle intrigue, elle n'a proposé, pour reprendre possession de l'île d'Haïti, que des moyens perfides ou violens, qu'ont également repoussés le caractère national et les principes éternels de l'humanité. Qu'ils se rappellent donc, ces ennemis de la liberté des hommes, qu'il existe une loi immuable qui fut et sera toujours : *ne point faire à autrui ce que nous ne voudrions point qu'on nous fît*; enfin, *ne point faire de tort à autrui.* Ainsi, colons aveugles et intéressés, je vous le demande, peut-on, *sans faire tort à autrui*, rétablir la traite et l'esclavage ?.... Peut-on, *sans faire tort à autrui*, porter le fer et la flamme dans une contrée où tout est tranquille, et où chacun jouit en paix des fruits de son travail et de son industrie ? peut-on, *sans faire tort à autrui*, renverser la constitution d'un peuple libre et pacifique, et détruire ainsi l'édifice bienfaisant de sa législation, gage de son bonheur et de sa félicité. Non ! sans doute, il est constant que ceux qui prétendraient contester ces vérités, ne seraient que des artisans de troubles et de discordes ; ils mériteraient d'être chassés comme perturbateurs ; mais non, livrés qu'ils sont à de terribles infortunes, en proie à la misère, aux infirmités résultantes de l'âge, et du climat qu'ils habitent, il exciteront notre pitié plutôt que notre haine. Je ne crains pas ici d'être démenti, en me rendant l'interprète des sentimens généreux du peuple français, en disant : si les trop faibles secours que les ministres accordent aux colons réfugiés de Saint-Domingue, étaient plus considérables, pas une plainte, pas une réclamation ne s'éleverait à leur égard. Les ennemis les plus acharnés des Benjamin Constant, des d'Argenson, des Manuel, des Lainé de Ville l'Evêque, des Bignon et autres courageux défenseurs de nos libertés et de nos droits, sont forcés de leur rendre cette justice, que, uniquement occupés du soin important de réformer les abus de notre administration, ils ne sont en opposition avec les ministres que lorsque ceux-ci, par de faux calculs, des vues étroites ou de pernicieuses théories, promènent la France de secousses en secousses, qui perpétuent et aggravent nos maux. Les ministres croient-ils servir V. M., Sire, en sapant ainsi les fondemens du trône et de la monarchie constitutionnelle? Mais qu'ils interprètent le vœu de la nation, c'est alors que l'opposition éclairée qui leur résiste avec persévérance et loyauté, se joindra à eux. Non! ce ne sera pas lorsqu'ils proposeront des secours à l'humanité souffrante que les ministres auront à craindre de la résistance, c'est quand ils abuseront et de leur pouvoir et de leur *responsabilité*; c'est quand ils emploieront le produit des tributs arrachés aux vertueux laboureurs et aux estimables artisans, pour en combler des gens tous pleins d'iniquités; pour récompenser le crime, la délation, en un mot, une classe d'hommes mercenaires et pervertis qui ne sèvent, depuis trente ans, que le malheur et la honte de la patrie. Toujours l'opposition en France se joindra franchement aux ministres quand ceux-ci proposeront des récompenses au vrai mérite, à la vertu, enfin, aux véritables amis du roi et de la constitution; mais *jamais* elle ne consentira à combler de ses faveurs ceux qui, dans leur délire contre-révolutionnaire, ont massacré des français aux cris *sacré* de *vive le roi;* à ceux qui ont tout fait pour rendre odieux le règne du Monarque constitutionnel. Ils se proclament les amis du roi! quelle audace! qu'ils apprennent donc que les véritables amis de S.M. sont ceux qui ont versé leur sang pour la patrie; qui ont sacrifié leurs biens, leur vie, pour lui conserver un royaume plus étendu, plus riche et plus florissant qu'il ne le fut jamais sous les rois ses prédécesseurs. Il est à remarquer que les prérogatives royale se sont considérablement acorues par la révolution, et il est facile de s'en convaincre, en considérant que le Monarque n'était pas *roi de fait* ni de droit dans tous les lieux de sa domination; par exemple, en Bretagne, il n'était réellement que *duc*;. . . . le roi, avant la révolution, exerçait plusieurs dégrés de pouvoir et c'est là sans doute pourquoi il ne prenait que le titre de *roi de France* et non celui de *roi des français*, que les bretons lui auraient contesté, parce que le *roi de France* n'était pour eux *qu'un Duc*; mais la révolution ayant détruit tous les priviléges et rendu à la Majesté du trône toute sa dignité originelle, le *roi de France* est devenu, de fait comme de droit, *le roi des Français*; ce titre glorieux et honorable ne peut donc être contesté à S. M., que par les ennemis des prérogatives royales, c'est-à-dire, par des factieux qui ne veulent reconnaître dans sa personne sacrée, qu'un *simple Duc*. Le titre honorable d'amis du roi ne sera jamais l'apanage de ceux qui ont eu l'infamie de se coaliser avec les puissances alliées, quand elles marchèrent sur la France avec le dessein de lui faire subir le sort de la Pologne. Que le ministère devienne juste, loyal, *constitutionnel* et bienfaisant, et dès lors il n'aura plus d'opposition que de la part des hommes monarchiques.

Abstraction faite des avantages certains et nombreux qu'il y aurait pour la France, à reconnaître le plutôt possible l'indépendance d'Haïti, si l'on envisage cette nation sous le point de vue philosophique, l'on reconnaît bientôt que sa cause est celle du genre humain. Lorsque l'homme impartial promène ses regards sur la surface du globe, après avoir été affligé par le spectacle douloureux de la misère et de l'avilissement de la majeure partie des habitans de l'Europe, quelles sensations délicieuses, quels charmes s'emparent de son âme, lorsque, jetant les yeux sur Haïti, il contemple avec surprise et sensation un peuple nouveau qui, de l'esclavage le plus dur, le plus insupportable et le plus humilant, a conquis le libre exercice de tous ses droits; au spectacle enchanteur d'un peuple qui devient libre et qui reprend le rang que la nature lui avait assigné, le philosophe, l'ami de l'humanité se prosterne! il admire la nature en bénissant ses immortels décrets! Si l'estimable Turgot existait encore, je me plais à dire, et à sa louange, qu'il verrait avec un bien grand intérêt, l'état de prospérité toujours croissante de la république d'Haïti. Ce philosophe, cet ami des hommes ne serait point d'avis de tenter la conquête de cette république; son opinion serait bien certainement, de faire un traité de commerce avec elle, après avoir reconnu et proclamé son indépendance et ses droits. O vous, ministres du Roi, vous, qui, placés entre la nation et le trône, êtes plus à portée que personne de faire connaître au monarque la vérité des choses; l'avez vous fait? D'où vient cette langueur, cette inaction dans notre commerce?

nous avons peu de colonies sans doute ; mais, depuis un grand nombre d'années, des nations libres nous offrent la paix et l'abondance, et vous les menacez, en échange, de l'esclavage et de la mort. L'humanité, la justice vous somment de vous expliquer sur vos intentions à l'égard de ce peuple généreux qui, en brisant ses fers, a déclaré la paix au monde entier ! et les monarques d'Europe ne veulent pas le reconnaître ! l'histoire expliquera un jour, et tracera sur ses tables d'airain, les motifs de leur silence et de leur conduite. Ministres coupables, si vous trompez le Roi, si vous empêchez la vérité toute entière de parvenir jusqu'à lui, le trépas ne peut vous soustraire à l'infamie; le ministre infidèle et prévaricateur passera à la postérité chargé de tous ses crimes, de toutes ses iniquités. Si je jette un regard sur les ports de France, sur nos ateliers, nos fabriques, enfin sur notre commerce ; partout, je ne vois qu'une activité maladive, la misère et la désolation. J'entends de tous les points de la France, un cri d'accusation qui s'élève contre le ministère, et des plaintes respectueuses, mais fondées, qui ne peuvent arriver au pied du trône. Nos ports sont déserts, et sur les bords de l'océan, le domaine commun de tous les peuples, une quantité innombrable de familles désolées pleurent et gémissent au sein de la paix, sur l'anéantissement du commerce et de leurs libertés.

La guerre avec Haïti, ne nous offrirait aucune chance favorable. Quant à moi, je n'y vois que la certitude de faire périr des hommes, le délabrement de nos finances et le blâme général.

La paix avec Haïti, nous offrirait toutes les chances favorables possibles, et la certitude d'un débouché avantageux pour les produits de notre agriculture et de nos fabriques, la certitude de nous procurer, par la voie avantageuse des échanges, une foule d'objets que nous payons avec de l'or aux puissances étrangères; enfin, la certitude de ramener l'aisance et le bonheur parmi les citoyens.

Si l'on remontait franchement à l'origine de notre dette publique, l'on reconnaitrait que nos colonies des deux mondes, en sont la cause première. Le Portugal et l'Espagne ont été ruinés aussi par les leurs. L'Angleterre, avec le secours de ses colonies, a-t-elle pu empêcher l'accroissement de sa dette, au point où nous la voyons aujourd'hui? Ce monstre né de l'immoralité et de l'ineptie d'une longue suite de monarques qui ont régné sur la Grande-Bretagne, est tel, qu'il surpasse de beaucoup la valeur vénale de son territoire. La morale universelle et l'intérêt bien entendu de la nation réclament donc, avec instance, que le Gouvernement français ouvre enfin les yeux et abandonne pour toujours des espérances que la sagesse repousse et que l'humanité condamne.

Depuis quelque temps, le bruit s'est répandu que la république d'Haïti venait de faire aux ministres, des ouvertures importantes, dont le but serait de leur offrir une somme de *cent cinquante millions*, tant pour indemniser les anciens Colons, de la perte de leurs propriétés, que pour obtenir la reconnaissance de l'indépendance de la république. Les auteurs de ces bruits calomnieux pour le Gouvernement d'Haiti, cachent une arrière pensée et des espérances bien criminelles, bien atroces. Non seulement, ils rèvent la contre-révolution à Haïti, mais en France. En effet, s'ils pouvaient persuader que les Haitiens sont assez lâches, assez dépourvus de sagesse pour payer avec de l'or, ce qu'ils ont si justement acquis au prix de leur sang, nos hommes monarchiques ne manqueraient pas de nous jetter au nez que, l'émigration de *Saint-Domingue* étant de la même nature que l'émigration de France, si les nouveaux possesseurs des propriétés confisquées par les noirs à Haïti, ont cru devoir les acquérir une seconde fois, il doit en être de même de tout ce qui appartenait, avant la révolution, aux nobles et aux prêtres. Si Haïti devenait criminelle envers la révolution française, et envers elle-même, au point de compromettre aussi gravement sa dignité et sa gloire, l'opprobre et l'infamie deviendraient son partage. Les guerriers morts en combattant pour son indépendance, gémiraient dans leurs tombeaux. Et cette terre de liberté tremblerait sous le poids d'une nation maudite devenue, tout-à-coup, indigne des vœux et de la sollicitude des amis de l'humanité. Mais, la république d'Haïti, née de la révolution française, sait qu'elle ne peut se soutenir que par les principes de cette même révolution, et qu'il n'y a pas de milieu entre l'indépendance absolue et l'esclavage. C'est moins par la force des armes, que les nations maintiennent leur existence politique, que par celle de leurs principes. Les Haïtiens savent aussi que ceux qui ont excité la cruelle guerre de 1803 contre Saint-Domingue, n'ont cessé les hostilités, que faute de moyens pour les continuer, et que les *cent cinquante millions* dont il s'agit ici, pourraient très-bien être employés un jour contre eux, à l'insçu de V. M.; mais les amis de l'indépendance des nations se rassurent, en se rappelant que le peuple Haïtien a choisi, pour succéder à *Pétion le Grand*, un héros qui fut et sera toujours prêt à se sacrifier pour la cause de la liberté et de l'indépendance nationale. Personne n'ignore non plus que le sénat et la chambre des représentans, sont animés du meilleur esprit. Cela n'a rien de surprenant pour ceux qui ont su apprécier le rare mérite et la force de raison de M. Georges, commissaire du Gouvernement de la république, pendant son séjour en France.

Après les conseils des sages de la nation et l'expérience d'une révolution longue et sanglante, il est surprenant de rencontrer aujourd'hui parmi nous, les mêmes obstacles, la même résistance de la part des mêmes hommes. Ce sera donc envain que les J. J. Rousseau, les Voltaire, les Helvétius, les Brissot, les Grégoire, auront combattu les abus et généreusement plaidé la cause de l'humanité ?...

Les fortes vérités dont leurs écrits sont pleins, seront-elles toujours méconnues, profanées!

Hommes monarchiques, vous osez dire que vous n'avez en vue que le bonheur de vos semblables, et vos cœurs endurcis ne savent pas oublier!... La haîne aveugle que vous portez à l'homme, vous fait méconnaître, contester toutes ses vertus. Par ce peu de mots, vous voyez assez qu'il est question de ce Grégoire, objet de vos fureurs, de vos calomnies. Vous avez été affligé sans doute, Sire, ainsi que toutes les âmes sensibles et compatissantes, au récit de ce qui s'est passé à la Chambre des députés, relativement à M. Grégoire, le jour où la validité de son élection y fut discutée et vérifiée. Je croirais manquer à Votre Majesté si, dans cette circonstance comme dans toute autre, je ne faisais usage de toute la franchise qui m'est naturelle. Je parlerai sans crainte à un roi philosophe, qui aime la justice, qui cherche la vérité. Je dois dans ce faible écrit, l'expression de mon cœur, prendre la défense d'un homme illustre et persécuté, qui possède toutes les vertus, et à qui l'on reproche tous les crimes! Ce n'était pas, sans doute, à ma faible plume qu'il appartenait d'entreprendre la justification de celui que les Lainé, les Labourdonnais dans leur délire ont qualifié indigne! En sa qualité de conventionnel, M. Grégoire appartient à la postérité; mais comme écrivain moraliste, comme philosophe, comme bienfaiteur de l'humanité, il appartient aux générations présentes et futures. J'ai cru devoir prendre la défense d'un homme que les sages de l'Europe respectent et que le monde admire.

Ce philosophe profond, vivant dans la solitude, n'est accessible qu'aux malheureux; il ne communique avec ses semblables, que pour les secourir ou les consoler, et il n'ambitionne que l'oubli que commandent la Charte et le Roi; est-il trop exigeant? Le génie du mal inspirait bien certainement ceux qui ont outragé à la tribune nationale, cet illustre membre de la société des Amis des Noirs, qui se glorifie de posséder le brave, le courageux *Lafayette*, que la postérité désignera sous le titre de *Libérateur de l'Amérique septentrionale!* Ils se disent les amis de la religion, ceux qui ont qualifié *indigne*, ce prélat qui met en pratique toutes les vertus du christianisme; ce consolateur des malheureux, ce ministre du culte désintéressé, et qui emploie, sans ostentation, la presque totalité de sa fortune à secourir les malheureux; cet ami des hommes qui brave l'âge et les persécutions, et consacre ses veilles à l'amélioration du sort de ses semblables. Mais vous, hommes monarchiques, pleins de fiel et d'hypocrisie, c'est ce *Grégoire* qui excite votre haîne et votre jalousie, que vous devez prendre pour modèle. C'est lui qui vous apprendra à ne voir que des frères dans tous les hommes, quels que soient d'ailleurs leur couleur et le climat qui les a vu naître ; c'est ce Grégoire que vous peignez sous des traits aussi hideux, qui, dans ses judicieux écrits, défend et propage les vérités de la religion de nos pères, que vous outragez par votre impiété, vos sacriléges et votre insatiable ambition.

Le motif apparent de l'emportement que montra la faction monarchique, contre l'élection de M. Grégoire, à la Chambre des Députés, n'était que bien accessoire; ce n'était point dans l'intérêt du roi qui, de même que la Charte, commande l'oubli du passé, que les ultras agirent dans cette circonstance; ils voulaient fermer l'entrée de la chambre à un philosophe profond et clairvoyant, qui n'aurait pas manqué de démasquer leurs turpitudes et de combattre leurs projets; un prélat qui n'aurait pas laissé sans une éclatante réfutation, le discours de M. Lainé, dans lequel il déclara, du haut de la tribune, *que les* MISSIONNAIRES *que le Gouvernement français venait d'envoyer dans l'Inde, n'y étaient allés sous aucun rapport religieux, mais bien dans l'intérêt de la politique.* M. Grégoire n'aurait pas manqué de prendre la parole et de signaler, suivant leur mérite, ces hommes de peu de foi. Hommes monarchiques, si vous outragez ainsi la religion de vos pères, si vous foulez aux pieds le culte du Christ, si vous méprisez, si vous avilissez ses ministres au point de vous en servir comme d'instrumens, pour tromper les hommes, afin de consommer leur malheur et leur honte; qui peut nous garantir que les missionnaires et autres *Prêtres vagabonds qui exploitent aujourd'hui nos provinces*, ne sont pas munis des mêmes instructions que ceux qui, de votre aveu même, *ne sont allés dans l'Inde sous aucun rapport religieux, mais bien dans l'intérêt de la politique!*..... Quoi? Vous proclamez avec affectation et hypocrisie que vous voulez relever les autels renversés du Dieu des Chrétiens, et, dans le même moment, vous outragez son culte, en faisant de ses ministres les vils et méprisables instrumens de votre ambition, de vos funestes desseins!.... Sans doute, le culte catholique est considérablement déchu de son ancienne splendeur. Mais cette décadence prématurée, est l'ouvrage seul du prêtre; son immoralité, son orgueil, son avarice, son ambition, sa cécité, son hypocrisie en sont les seuls et uniques causes. Prêtres catholiques, prenez M. Grégoire pour modèle, c'est-à-dire, devenez humbles, charitables, bienfaisans, pardonnez à vos ennemis comme l'ordonne le Dieu que vous prêchez, et alors la religion recevra les hommages des philosophes et de tous les amis du repos et du bonheur du genre humain. Le culte catholique est aujourd'hui aux prêtres qui le desservent, ce qu'une mine d'or est à ceux qui l'exploitent ; un pareil état de choses, fait pour exciter l'indignation des amis de la morale, menace l'église de Rome d'une dissolution générale et prochaine. Lorsque la clef d'or ouvre ou ferme la porte de l'église, ce n'est plus à la divinité, c'est à l'être infernal à qui l'on rend hommage. Prêtres catholiques, est-ce Jésus-Christ, ce célèbre moraliste, cet ami des hommes, qui vous a enseigné à avoir deux croix dans vos églises, une en or pour le riche, et une en bois pour le pauvre ? Cependant, ministres corrompus et avilis, vous savez que Jésus n'est pas mort sur deux croix ! que l'instrument de son supplice était en bois, et non pas en or !..... Si le Fils de l'homme redescendait sur la terre, il agirait, en entrant dans vos temples, comme il fit à Jérusalem, le jour où, indigné de l'agiotage qui se faisait dans le lieu saint, il chassa tous ceux qui s'y trouvaient en mauvaise intention, en leur disant ces belles paroles : *ma maison sera appelée une maison de prière et vous en avez fait une caverne à voleurs !*.... Je me suis sans doute exposé au ressentiment de nos aristocrates, pour avoir osé plaider la cause de M. Grégoire, auprès de V. M.; mais, que m'importe leurs fureurs, leurs violences, même leurs calomnies ? M. Grégoire a rendu au genre humain des services éclatans, il est persécuté, il n'a pas mérité la rigueur de son sort, que me faut-il de plus pour me ranger de son côté ? J'ai dit que M. Grégoire avait rendu au genre humain des services éclatans, et, en peu de mots, je vais le prouver ;

Il a établi le bureau des longitudes ;

Le conservatoire des arts et métiers.

Il fut l'ennemi du vandalisme ; c'est lui qui, le premier, a prévenu V. M., en faisant décréter par la convention nationale, en votre absence, des encouragemens et des pensions aux savans et aux artistes. Enfin, il n'est pas un de nos monumens d'utilité publique, qui ne rappelle aux français et aux étrangers qui les visitent, le nom de M. Grégoire.

Pour soutenir et plaider la cause de l'humanité, pour combattre les abus, quel que soit le danger, je ne fuirai jamais. Toujours, au contraire, l'on me verra sur la brèche; si la liberté des hommes, le bonheur de mes semblables exige encore des victimes, je suis prêt à me sacrifier; si je tiens encore à la vie, où j'ai passé si peu d'instans heureux, c'est pour servir l'humanité; mais que les lâches ennemis de la liberté des peuples, ne se flattent pas d'exercer sur mon âme une influence quelconque! Instruit à l'école du malheur, j'ai su m'élever au-dessus de l'adversité; j'ai appris de bonne heure à connaître les hommes et à les apprécier, je suis indépendant par nature, par sentiment, mais non par calcul, par ambition. Si ma destinée est de souffrir de mes semblables autant de mal que je leur veux de bien; qu'elle s'accomplisse cette fatale destinée, je n'y mettrai point d'obstacle! je puis tomber sous les coups des tyrans, mais le fer qui me percera le cœur ne le souillera pas. En rendant le dernier soupir pour la cause de la liberté, je serai encore assez maître de moi, pour plaindre mes bourreaux et leur pardonner.

DEUXIÈME PARTIE.

Le huit décembre dernier, j'ai eu l'honneur d'adresser à la Chambre des Députés des départemens, une pétition dont l'objet est *l'abolition de l'esclavage dans les colonies françaises*. Cette pièce a été enrégistrée au secrétariat sous le n°. 71, et transmise, dans la séance du 16 janvier suivant, à la commission qui n'a pas encore fait son rapport. Quel peut donc être la cause de cet étrange retard ? N'est-il pas bien temps de songer à la liberté d'une classe intéressante, d'une portion considérable du genre humain que, par un reste de barbarie et au mépris des lois divines et des lumières du siècle, nous retenons encore dans la servitude ?

O colon, homme injuste et partial, montre moi donc la page du livre de la nature, où il est écrit que ton semblable puisse devenir ta propriété ! Tu oses dire, ô marchand d'esclaves, tu oses soutenir que ce n'est pas par cupidité, par avarice que tu te rends sur les bords sauvages du Niger, pour y trafiquer de la chair humaine. Tu crois sans doute pallier tes crimes, en les couvrant du manteau de la religion ; il faudrait ne connaître ni les colons, ni les colonies, pour ignorer que c'est aux plus pénibles travaux, aux plus austères privations, et souvent à la plus infâme débauche, aux plus honteuses turpitudes, qu'ils emploient leurs esclaves. Le maître, à l'égard de ceux-ci, déchire le voile mystérieux de la pudeur ; tous les sentimens naturels sont éteints ; le maître d'une esclave l'arrache impitoyablement des bras de son époux, pour satisfaire, avec brutalité, une passion honteuse et criminelle : un pareil état de choses est fait pour exciter un esprit de ressentiment qui, une fois suscité, ne peut être facilement assoupi. Le souvenir des outrages allume toujours le feu de la vengeance ; avez-vous déjà oublié, possesseurs d'esclaves, combien ils erait dangereux de provoquer le désespoir de cette classe d'hommes dont vous voulez river les chaînes !.... N'oubliez donc jamais que votre esclave quelque maltraité, quelque mutilé qu'il soit, est un homme comme vous, et cela doit suffire ; la nature et l'humanité dont rien n'égale l'éloquence, me crient : *c'est ton frère, il est dans le malheur, tu dois le secourir !*

Le colon a-t-il droit de qualifier du nom de

sauvage, de barbare, le guerrier des peuplades noires de l'Afrique qui vend son prisonnier! Ce guerrier ne le vend-il pas d'abord à un marchand d'esclaves, et celui-ci à un colon? Or, quelle différence, sous le rapport moral, peut-on raisonnablement établir entre le guerrier sauvage, le marchand d'esclave et le colon? ne profitent-ils pas également du malheur et de la fatalité du vaincu? S'il y a de la barbarie, de la cruauté à faire la guerre des sauvages, enfin, à traiter, à vendre comme de vils animaux, ceux à qui le sort des armes a été funeste, il y en a peut-être plus encore à retenir dans l'esclavage, des infortunés nos semblables, que la nature avait créés comme nous, pour le bonheur et la liberté; quant à moi, je ne puis faire aucune différence entre le guerrier sauvage victorieux, le marchand d'esclaves et le colon. Tous sont à mes yeux des monstres, puisqu'ils outragent la nature et la divinité.

La terre est le commun héritage auquel ont un égal droit de prétendre, tous les membres formant la grande famille du genre humain. La liberté individuelle est le premier et le plus précieux des biens, pour tout ce qui respire; cependant, à la honte de l'espèce humaine, il existe des êtres profondément pervers et malfaisans qui, par l'effet de l'egoïsme, suite ordinaire de l'inconduite, de la dépravation ou d'un mauvais cœur, ont interverti le bel ordre de choses de la nature, en remplaçant la félicité, le bonheur universel, par la misère et la désolation. Ce qui afflige et porte à l'âme des affections douloureuses, c'est que ces monstres parmi lesquels le possesseur d'esclaves tient le prémier rang, semblables à ceux que les livres saints désignent par l'épithète de *sépulchres blanchis*, rendent extérieurement hommage à un dieu démocrate et bienfaisant, à un dieu de paix et de mansuétude. Ce dieu recommande aux hommes la concorde, l'union, enfin, de vivre en frères. Voyons-nous là quelque chose de favorable à l'esclavage de ces malheureux qu'on s'empresse de faire chrétiens, et envers qui l'on n'observe nullement la morale du culte qu'on leur enseigne. Si M. de Châteaubriant, au lieu de nous faire de si romanesques peintures de ce qu'il nomme avec tant d'emphâse *le génie du christianisme*, avait pris la peine de comparer sa morale aux institutions modernes qui blessent le plus la dignité de notre être, notamment à la traite et à l'esclavage des noirs, il aurait rendu à l'humanité un service éclatant : mais des sentimens aussi généreux ne prennent pas ordinairement naissance dans le cœur de ceux qui, comme lui, *conservent peut-être*, l'espoir insensé de faire revivre un jour tous les abus de l'ancien régime. Les amis de l'abolition de l'esclavage savent assez ce qu'ils doivent attendre de ceux qui gémissent tout haut sur l'abolition de la traite des nègres, et qui la réclament à grands cris! Il en sera heureusement de leurs projets, comme des trames que quelques rois peu redoutables, rassemblés en congrès, ourdissent dans les ténèbres contre la liberté du genre humain. Croient-ils donc, ces insensés, que la nature, dont ils étouffent depuis si long-temps la voix par leurs perfidies et leurs violences, souffrira qu'ils portent impunément leurs mains profanes sur le code éternel et sacré des droits de l'homme et du citoyen?..... Si tel est leur dessein, ils s'abusent..... Le signal de la guerre qui va embrâser l'Europe pourrait bien être celui de leur perte. Une révolution générale se prépare; bientôt, à l'exemple de l'Espagne, du Portugal, de l'Etat Napolitain et du Piémont, les autre nations européennes qui sont encore courbées sous le joug, briseront leurs chaînes..... Déjà, les despotes effrayés ont jeté du haut de leurs trônes un cri d'allarme et d'épouvante.. Vainement ils se sont coalisés pour enchaîner les hommes! les efforts qu'ils font aujourd'hui pour comprimer l'effet des lumières, seront, à la marche des événemens, ce que la bourre est au canon!.... Plus grande est sa résistance, et plus terrible est l'explosion.

Ils s'étonnent cependant ces Monarques, que les peuples n'ont plus pour eux le repect, l'admiration que l'on avait pour ceux de leurs ancêtres qui rendaient hommage à la vertu! Quels que soient leurs efforts, ils ne parviendront jamais à faire naître parmi leurs sujets cet esprit qui, chez les anciens, les portait à adorer la fièvre, à lui consacrer des temples et à lui vouer une reconnaissance éternelle, pour la santé qu'ils prétendaient en avoir reçue.

Le fanatisme pestilentiel des temps passés ne devait pas être éternel : le soleil de la raison s'est enfin levé, et, dès ce moment, les sages ont annoncé que les gouvernemens gothiques de l'Europe avaient fait leur temps; l'on ne peut révoquer les arrêts du destin : la civilisation devait amener l'anéantissement des pouvoirs sans bornes des monarqnes, et c'est là, sans doute, son premier bienfait; aussi les peuples n'ont-ils rien à redouter des *conférences* du congrès de Troppau, les desseins des monarques sont connus!... Bien loin d'effrayer l'Europe, ce congrès n'aura d'autre résultat que d'apprendre à ceux qui l'ignorent, que l'autorité des rois despotes est miné de toutes parts, et qu'il ne faut plus qu'un souffle pour l'abattre.

Considéré sous le seul rapport des lois divines, l'esclavage porte atteinte à la morale religieuse, mais ne constitue pas un droit. O vous! qui retenez vos semblables dans la plus avilissante servitude, apprenez que les moyens que vous employez pour consolider votre criminelle usurpation, la trahissent, la dévoilent de toutes parts! Vainement, vous vous targuez des troupes que les métropoles envoient chez vous, pour en imposer aux malheureuses et déplorables victimes du sort et de votre avarice. C'est ainsi que les despotes et les tyrans déploient, aux yeux des peuples qu'ils tiennent sous le joug, l'appareil fragile et misérable de bandes mercenaires. Ils ne voient pas, qu'agir ainsi, c'est apprendre aux opprimés, qu'ils n'ont d'autres droits sur eux que la force. L'homme en général, soit monarque, soit citoyen, quand il outrage la nature par nécessité, sape la civilisation dans ses bases; il n'est dans l'organisation universelle qu'un objet imparfait, un rebut, une corruption; il ne prend place dans le système général, qu'avec les monstres de toutes les espèces. Il ne faut pas donner à la civilisation une fausse direction, et s'en servir pour opprimer ceux qui ne sont pas encore parvenus au point de perfection où sont les Européens. Ne vous abusez pas, hommes civilisés, ou plutôt qui prétendez l'être; ce n'est que de l'entier rapprochement des êtres vers la nature; c'est de leur réunion, de leur soumission à ses lois, que peut seul résulter le bonheur et la félicité du genre humain. Vainement les criminels appologistes de l'esclavage, disent et répétent sans cesse que l'état des nègres, dans nos colonies, est bien différent des peintures que quelques écrivains en ont fait; que leur sort est adouci par l'influence du Gouvernement, par l'humanité et l'intérêt des planteurs; enfin, que leur situation est telle, dans nos îles à sucre, que le plus grand nombre refuserait la liberté, si elle lui était proposée. Quel infâme langage! quels mensonges, quelles calomnies! vos noirs *refuseraient*, *dites-vous*, *la liberté*, et le plus grand nombre meurent du chagrin de l'avoir perdue! *leur sort est adouci*, *dites-vous*, *par l'influence du Gouvernement*, et lorsqu'ils s'adressent à ses agens pour obtenir justice, l'on est sourd à leurs saintes réclamations! quel bien peut résulter pour l'esclave de cette *influence* du Gouvernement, ajoutée à l'intérêt, à *l'hu-*

manité des planteurs, tandis que cette *influence* n'a pas même pu obtenir jusqu'à ce jour, de cette *humanité*, la cessation totale du commerce, par contrebande, de la traite des Noirs, qui se fait au mépris des lois, et que les colons favorisent clandestinement; mais, ajoutent les colons, *les amis des Noirs s'abusent, ces derniers ne sont pas faits pour la liberté, ils ne la comprennent ni ne la désirent; l'esclave, dans les colonies, se console de son état en disant dans son langage: blanc maître à moi, Roi maître à blanc*.... Des raisonnemens aussi abominables, ne méritent pas, certainement, qu'on prenne la peine de les réfuter. L'indignation qu'ils ne peuvent manquer d'exciter dans toutes les âmes honnêtes, en fera justice. Les colons prétendent encore que l'état de servitude a cela d'avantageux pour les nègres, qu'étant pour la plupart, indolans et paresseux, s'ils étaient livrés à eux-mêmes, ilsmourraient de faim. Mais qu'étant esclaves, leurs maîtres pourvoient à tous leurs besoins, et que, de cette façon, leur existence et assurée. Cette étrange allégation suffirait seule pour convaincre de la mauvaise foi des colons, et de leur perversité, si le fait même de l'esclavage des noirs n'élevaient contre eux, depuis long-temps, une voix accusatrice qui les flétrira dans la postérité. Je ne sais si les Planteurs sont parvenus à persuader quelqu'un que ce n'était que pour *empêcher les nègres de mourir de faim*, qu'ils leur offraient *les douceurs de l'esclavage*, *les bienfaits de leurs mauvais traitemens*; mais, ce qui a lieu de surprendre, c'est que MM. les geoliers des prisons d'état, que les détenus accusent de n'être pas toujours humain envers eux, n'aient pas eu l'idée, pour se justifier de ces plaintes, d'emprunter le langage de MM. *les colons, leurs dignes confrères*, et dire, en parlant des prétendus conspirateurs, ou des écrivains libéraux confiés à leur garde, *que si ces téméraires étaient livrés à eux mêmes, ils abuseraient de leur liberté au point de compromettre sans cesse leur existence, pour caresser des projets d'une amélioration chimérique.*

Non ! Le nègre n'est point paresseux ; et, pour le prouver, je n'irai pas loin en chercher la preuve ; les colons eux mêmes me la fourniront ; ils conviennent tous que, pour améliorer le sort de leurs esclaves, ils leur abandonnaient la jouissance d'une certaine étendue de terrein que ceux-ci cultivaient les jours de fêtes, et dont ils avaient droit de vendre ce qui exédait le nécessaire à leur subsistance, et à leur entretien ; les colons ajoutent que la plupart des nègres esclaves faisaient, par ce moyen, des économies considérables. Comment concilier cette *paresse, cette indolence*, cette *répugnance invincible pour le travail*, qu'ils supposaient aux nègres, avec ces terreins qu'ils cultivaient pendant les heures de repos qui suivait le travail forcé auquel leurs maîtres les employaient, et *dont les produits suffisaient à leur substance, à leur entretien, et les mettaient à même de faire des économies considérables?*..... Certes, travailler pendant ses heures de repos, n'est point l'action du paresseux! Pour répondre à ces infâmes calomnies des colons envers leurs esclaves, il me suffit d'inviter le lecteur de bonne foi et ami de la vérité, à jeter ses regards sur la république d'Haïti, qui forme le sujet de la première partie de cet écrit. La prospérité toujours croissante de cet état, et qui est basée sur les produits de son agriculture et l'industrie de ses courageux habitans, réfutera, par le fait, toutes les assertions fausses et calomnieuses dont les noirs sont depuis si long-temps l'objet. L'on ne peut se défendre d'un sentiment douloureux, en songeant à l'ingratitude du maître qui calomnie aussi indignement son esclave; il est donc des êtres pensans dans la nature, qui peuvent bannir de leur cœur tout sentiment de pitié, et dont l'âme froide et impassible peut, sans remords, regretter amèrement de ne pouvoir plus être criminels de fait; il n'est donc jamais venu à l'idée du colon, que cette classe malheureuse qui couvre ses habitations, qui sillonne ses champs, ensemence ses terres; que ses esclaves enfin sont ses semblables, ses frères, ses nourriciers!... Rentrez donc en vous mêmes, ô possesseurs d'esclaves, et que par un retour prompt et entier à la vertu, vous reconnaissiez vos fautes pour les réparer! Songez que la condition de vos esclaves est incomparablement plus pénible que celle des animaux que vous atelez avec eux à l'instrument aratoire, puisque les chagrins, les humiliations et les tourmens de l'abjection sont inconnus à ces derniers! l'esclave, abandonné de tout dans la nature, pensant et raisonnant comme les autres hommes, a en horreur jusqu'aux secours que lui administre son maître, dans ses maux physiques!...Comment cela pourrait-il n'être pas ainsi, puisqu'il sait que le retour de la santé chez lui, sera suivi de la continuation de son tourment, enfin du supplice éternel auquel sa fatalité et la barbare avarice du Planteur le condamnent. D'ailleurs, une triste expérience ne lui apprend elle pas que les soins prodigués par son maître, à des animaux malades, sont de la même nature que ceux qu'il en reçoit! Qu'a donc gagné la population de l'ancien monde, en introduisant dans sa législation l'esclavage et l'avilissement des hommes? Gouvernemens Européens, c'est vous particulièrement que la servitude des Noirs flétrira dans la postérité! L'histoire, l'inexorable histoire, en pesant dans sa juste balance les crimes des ministres, jugera chacun suivant ses œuvres. Les ennemis de la liberté des hommes seront présentés à nos descendans souillés des attentats nombreux qu'ils portent à la loi naturelle. Pour justifier l'esclavage, les colons ont employés tous les moyens; ils ont été jusqu'à dire que, s'ils achettent un homme d'un autre homme, c'est par pure *humanité*, et pour le soustraire à une mort certaine, et sauver son âme, par le secours de la religion!.... Les fourbes, les imposteurs! Ils n'ont garde d'en dire les vrais motifs: l'ambition, l'avarice et l'orgueil! La postérité croira-t-elle que les ministres d'un Dieu de paix et de liberté se soient ligués avec les auteurs de tous ces crimes, en se servant de la religion, pour les consommer. Et ces Prêtres se disent les interprêtes de la divinité, et ils s'étonnent encore, quoique tout couverts du sang de l'innocence, et riches des dépouilles arrachées à la veuve et à l'orpheline, que les peuples de l'Europe ne reconnaissent plus en eux les représentans de Dieu! Le Christ qu'ils prêchent, aimait les hommes, consolait les malheureux, soulageait les pauvres, méprisait les grands, reniait les riches, prophétisait contre les tyrans et rabaissait l'orgueil des méchans rois! Prêtres catholiques, lui ressemblez-vous en rien? A quoi donc enfin, à quel signe pouvons nous reconnaître que vous êtes ses ministres, ses mandataires? Je devrais peut-être ici, à propos d'un clergé corrompu, entretenir V. M. du départ pour Haïti, de M. de Glory, Évêque de Macra. Mais je m'en garderai bien, un tel sujet n'est pas digne de fixer votre attention; ce prélat qui doit éviter le soupçon, à tant de titres, a été signalé par M. Morenas, dans sa seconde pétition aux chambres, avec autant de franchise que de vérité; cet intéressant écrit et la chronique religieuse T. *V. pages* 332 et 345, fournissent, sur cet *explorateur spirituel* qui ne fut pas toujours catholique, une foule de détails piquans et extrêmement curieux.

Les *conservateurs* de la traite et de l'esclavage sont les mêmes en tout pays, et se ressemblent par-tout : leurs armes sont *la calomnie et le mensonge*, triste moyen qui ne peut manquer, tôt ou tard, de faire la honte et l'opprobre de ceux qui s'en servent. Voici ce qu'on lit dans un écrit publié en 92, par un certain *Cormier*, ancien propriétaire colon de Saint-Domingue, en faveur de la traite, sans le secours de laquelle, selon lui, *il est impossible* qu'une colonie soit florissante : « *Les nègres que l'on vend en Afrique, dit-il, sont tous des prisonniers de guerre, ou ce qu'on appelle dans ce pays des criminels. Monsieur Gourg, administrateur au comptoir de Judas, dit dans son mémoire qu'en 1788, les 14, 15, 16 et 19 février, on immola, à l'occasion de la mort du roi, 57 nègres, 7 chevaux et un chien. Une autre cérémonie, en 1789, en fit immoler un pareil nombre.* » Certes, s'il faut en croire M. *Cormier* sur parole, ainsi que l'*honnête* monsieur *Gourg de Judas*, il n'est pas un roi dans le pays où l'on fait la traite, qui ne soit presqu'aussi redoutable qu'un président de cour prévôtale, un préfet de 1815 et même un bacha; si vous vous intéressiez tant au sort de ces malheureuses victimes du fanatisme et de l'ignorance de leurs rois, n'y avait-il donc que l'esclavage et la dégradation, capable d'y porter remède ? N'eut-il pas été plus grand, plus généreux et en même temps plus conforme aux principes de cette religion que vous citez si souvent, et que vous pratiquez si peu, de faire des efforts pour étendre la civilisation chez ces hordes sauvages, afin d'adoucir leurs usages, leurs mœurs? mais non, vous avez préféré vous associer à ces rois sanguinaires et barbares, parce que les produits de leurs crimes sont pour vous des objets de spéculation, et que vous y trouvez un aliment à votre cupidité, à votre orgueil! et c'est vous qui osez prononcer le mot *humanité*, vous qui faites le criminel trafic de la CHAIR HUMAINE! . . . . Avec des principes, des sentimens comme les vôtres, ce n'est point avec des hommes civilisés que l'on est propre à faire société, mais bien avec les cannibales, les antropophages! Encore, ceux-ci pourraient-ils justifier en quelques sortes leurs barbaries, par leur ignorance complette de toute idée de justice et de morale, mais vous!

Les colons de l'Angleterre, semblables aux nôtres en préjugé et aussi pervers que nos *hommes monarchiques*, poussèrent la dépravation, l'infamie, jusqu'à corrompre des noirs esclaves, pour déclarer au parlement *que ceux d'entre eux destinés à l'esclavage, seraient immanquablement égorgés, s'il ne se présentait pas d'acquéreur*. Que prouve la déposition achetée ou surprise de quelque noirs égarés, sinon le crime de ceux qui ne rougissent pas d'employer de semblables moyens? D'ailleurs, qu'on se reporte au temps où ces dépositions furent faites, et l'on verra que c'est à l'époque où la France, régénérée par la révolution, venait de proclamer l'abolition de la traite et de l'esclavage; mais le cabinet de Saint James qui ne fut jamais rien moins que philantrope, craignant, pour ses colonies, l'effet de la liberté que l'on proclamait dans les nôtres, s'empressa d'ajourner, *indéfiniment*, la discussion qu'il avait lui-même provoqué au parlement, sur cet intéressant objet. C'est alors que furent faites au parlement, par des nègres, les dépositions qu'on vient de voir. Injustes colons, qui ne voulez voir que les torts, que les défauts de vos esclaves, leurs vices et ce que vous nommez leurs crimes! Sans doute que l'homme noir n'est pas plus que le blanc, exempt de quelques défauts, et que l'esclave qui est faible par le manque de civilisation, joint bientôt, à ces défauts primitifs, ceux que vous lui donnez!.... mais de quel côté est le crime? La conduite du maître fait souvent la règle de l'esclave, et quand le maître est pour celui-ci un modèle de vertu, bien rarement l'autre a-t-il des vices! C'est une justice qu'il faut rendre aux nègres, que naturellement vertueux, ils sont infiniment plus enclins à suivre les bons exemples que les mauvais. MM. les Planteurs qui contestent tout jusqu'à l'évidence même, quand elle est en opposition avec leurs projets, reprochent sans cesse aux Haïtiens, les meurtres, qu'ils se sont vus dans la cruelle nécessité de commettre, pour s'affranchir à jamais du joug des Européens. Quoique ces scènes affligeantes aient été provoquées par les blancs qui les calomnient, encore aujourd'hui, des représailles ne sont point de la justice; l'humanité gémit à l'aspect d'un cadavre étendu sur la terre; mais, laissez répondre les Haïtiens, et ils vous diront que leur justification est toute entière dans la conduite atroce de ceux qui les ont noyés par milliers dans des bateaux à soupappe; qui les ont chassés comme des bètes féroces, avec des chiens dressés à les poursuivre et à les déchirer; qu'on les a fait dévorer vivans par ces cruels animaux; qu'on les a pendus par les pieds à des arbres, où on les laissait mourir dans cette affreuse position; qu'on les a brûlés, fusillés, mitraillés, et cela après les avoir désarmés, en vertu de *conventions décevantes*; qu'après leur avoir assuré leur liberté, on les a fait périr dans les cachôts par la faim et les tourmens.

Mais vous, colons injustes, vous qui osez faire un crime aux Haïtiens d'avoir employé, pour conserver leur liberté, le seul et terrible moyen que vous leur avez laissé, répondez avec franchise, et dites-moi si, lorsque vous vous embarquâtes à S.-Domingue pour revenir en France, vous étiez tombés au pouvoir des barbaresques, auriez-vous hésité un seul instant à les massacrer, si vous n'aviez eu que ce seul et unique moyen pour vous soustraire à l'esclavage ?

Vous niez, vous contestez le droit naturel, quand il est en opposition complète avec vos criminels projets; mais vos efforts seront vains. La nature, cette mère commune et bienfaisante, saura triompher des obstacles que vous voulez lui opposer. Quels moyens n'avez-vous pas mis en usage, pour vous emparer de l'île d'Haïti? Vous les avez employés tous sans succès, et vous n'avez pas encore renoncé à votre folle entreprise! c'est ce qui prouve que la raison ne fut jamais votre alliée! Une chose qui m'a frappé et qui était en même temps très-remarquable, c'est que, dans le temps où, jugeant à propos de tromper les Haïtiens sur vos projets de rétablir l'esclavage chez eux, vous leur disiez ; *Que vous reconnaissiez leurs droits à la liberté*, vos confrères des îles du vent, *criaient* de toutes leurs forces, que si l'on abolissait l'esclavage chez eux, *même de la manière dont on a supprimé la traite, les colonies périraient*. Aussi, les Haïtiens qui connaissent parfaitement les rapports, la ressemblance frappante qui existent entre vous et vos confrères de la Martinique, de la Guadeloupe, etc., n'ont pas manqué de dire que vous étiez semblables à la chauve-souris de la Fontaine, qui était, suivant les circonstances, *quadrupède* ou *oiseau*.

Colons aveugles et calomniateurs, ne craigniez vous rien du désespoir de plus de *deux cents mille esclaves* que vous tenez sous le joug et dont les justes et saintes réclamations ne peuvent parvenir jusqu'au trône. Poussés à bout par vos traitemens inhumains, ils diront peut-être un jour, comme les habitans de la ville de Boston, lorsqu'ils secouèrent le joug honteux de la Grande-Bretagne : *Si la liberté n'a que des fers à attendre? S'il n'y a plus de sûreté que dans la mort, l'épée nous est offerte, et nous nous en servirons pour briser les vils et détestables instrumens de l'oppression hostile.* Mais non, vos esclaves, plus sages que vous, n'useront point de cette triste et déplorable ressource pour reconquérir leurs droits; ils s'adresseront avec confiance à S. M., et leurs espérances se réaliseront.

Voilà ce que leur conseillent les libéraux, ces libéraux que vous calomniez avec tant de persévérance et d'acharnement.

O vous, infortunés qui gémissez dans les fers, vous avez plus à espérer, et de la justice du roi, et des efforts de tous les êtres compatissans, que vous n'avez à craindre des troupes que vos tyrans appellent et reçoivent de la métropole. Ils apprendront par tout ce qui les environne, que les armées, aujourd'hui qu'elles sont composées d'hommes pensans, de citoyens, de patriotes instruits et courageux, ne peuvent plus être les instrumens aveugles de la tyrannie, de l'oppression.... Ce n'est plus *par l'épée*, mais bien *par la loi* que les hommes du 19e. siècles sont *susceptibles d'être gouvernés.*

La divine Providence ne semble avoir placé V. M., Sire, sur le premier trône du monde, que pour rejeter avec plus d'énergie et de fermeté, les vœux *téméraires* et les entreprises criminelles des *méchants* qui vous entourent. Ces hommes ont perdu Louis XVI.... Atteints d'une cécité complète et déplorable, ils s'obstinent à ne pas vouloir appercevoir l'abîme qui est sous leurs pas. Pensent-ils de bonne foi, qu'il suffit de faire une loi d'élection telle qu'il la désirent, pour tenir sous le joug un peuple de vingt-huit millions d'ames, et le dépouiller en un instant de sa gloire, de ses droits ?.... Sire, une vérité qui afflige mon cœur, mais qui est incontestable, c'est que la révolution française n'est pas terminée !... elle a recommencé le jour où l'on a promulguée une loi nouvelle d'élection, qui viole ouvertement la Charte et nos droits. Je ne crains pas de dire que si le premier projet des ultras eût été adopté dans son entier par les Chambres, nous n'aurions pas eu seulement la surprise de voir M. Donadieu prendre place parmi les représentans du peuple........

C'est dans un tel état de choses que le feu dévorant de l'anarchie eût éclaté de toutes parts, en France, et que, peut-être, sur les débris ensanglantés du trône et de la patrie, les barbares du nord seraient déjà venus planter leur pavillon. Le but des députés et des écrivains qui s'opposèrent de tous leurs moyens, à l'adoption de ce criminel projet de loi, n'était autre que de *fermer à jamais l'abîme des révolutions*, et de conserver, à Votre Majesté, un sceptre que la Chartre ne retient dans vos mains, que pour assurer notre bonheur et défendre nos droits. Ce n'est qu'à l'aide d'une représentation vraiment nationale que Votre Majesté pourra faire à la France, tout le bien qui est dans son cœur. Autant l'attachement des Français est grand pour votre personne sacrée ; autant sa méfiance est considérable pour ces hommes *par trop monarchiques*, ennemis déclarés de notre gloire et de nos libertés.

L'on peut se figurer quel usage ils feraient du pouvoir, s'il tombait une seconde fois dans leurs mains. Le discours que M. le général Donadieu prononça à la Chambre des députés le 8 janvier dernier, ne laisse aucun doute à cet égard : » *N'allez pas surtout*, dit ce très-zélé royaliste, » *dans cette résolution prendre pour règle cette* » *maxime aussi ridicule qu'immorale : l'oubli* » *du passé. Oubli, oubli, vous dit-on : lâche et* » *fatal oubli qui désespère la vertu et enhardit* » *le crime...* « Ce langage, ou plutôt les sentimens qu'il exprime, ne laissent pas d'équivoques sur les projets de cette misérable faction. Si quelque chose pouvait surprendre de la part de ces hommes qui se disent avec tant de violence et d'emportement, les amis, les seuls amis du trône et du monarque, c'est l'audace, l'effronterie avec laquelle ils outragent la personne même du Roi! *Français*, a dit V. M., en touchant le sol de la patrie, au retour de son exil, *oublions le passé, soyons toujours unis, et ne formons plus qu'une seule famille!* Qu'est-ce donc que les hommes monarchiques trouvent de *ridicule et d'immoral* dans ces paroles? Serait-ce la sagesse du Monarque, ses vues bienfaisantes et pacifiques?.... Hommes monarchiques, expliquez-vous, si vous l'osez. Mais, cela serait supperflu, l'on voit bien que vous avez soif, vous demandez du sang!.... Je crois devoir répéter ici ce que j'ai déjà dit plus haut, qu'une loi d'élection qui amène des *Donadieu* dans la Chambre des députés, menace la France de grands malheurs. Que l'on considère l'état des choses avec impartialité, et l'on sera bientôt convaincu que l'inquiétude est générale parmi les citoyens! Il est temps et grand temps de donner enfin pour base à la représentation nationale, la *liberté* et *l'égalité*! hors de là, point de salut; c'est le seul et unique moyen de dissiper l'orage qui se forme sur nos têtes. Les sages de la nation, tous les hommes prévoyans qui ont étudié l'espèce humaine, entendent déjà la foudre qui gronde dans le lointain. Hâtez-vous, Sire, de prévenir cette catastrophe.... Toute institution humaine qui n'est point en harmonie avec le droit naturel et les lumières du siècle, est une calamité, un fléau. Son existence éphémère ne se prolonge qu'à l'aide de la violence et de la tyrannie; elle s'écroule bientôt sous son propre poids. Ce n'est donc que sous l'égide de la liberté et de l'égalité de tous leurs habitans, que les métropoles, ainsi que leurs colonies, peuvent fleurir et prospérer : dans tout autre état de chose, l'injustice et la corruption forment la base des gouvernemens, les citoyens sont divisés en deux classes: les oppresseurs et les opprimés ! Les révolutions couvent, et ne tardent pas à éclater; alors, l'homme sortant de son caractère, qui est naturellement sensible et généreux, devient de plus en plus terrible, il détruit son semblable avec acharnement, et outrage la nature en anéantissant, tout-à-coup, ce qu'elle avait mis plus d'un demi siècle à former.

Dans les métropoles, comme dans les colonies, la culture, pour prospérer, exige des soins et des attentions que l'homme libre peut seul lui donner; si l'agriculture languit là où le cultivateur ne tient le champ qu'il ensemence, qu'à titre de simple fermage, dans quel dépérissement doit être le terrein cultivé par des esclaves? L'appréhension de travailler pour un autre, ne peut manquer d'inspirer l'indifférence, le dégoût ; il n'y a pas de doute que si nos colonies étaient cultivées par des hommes libres, mais intéressés aux succès de leurs travaux, que bientôt tout y changerait de façe: l'on y verrait des terreins immenses qui semblent condamnés à une stérilité éternelle, offrir l'abondance.

La liberté et la propriété sont les seuls fondemens de la richesse; jamais on n'a vu l'agriculture florissante que dans les contrées où ces imprescriptibles droits de l'homme étaient bien établis. Une vérité trop peu connue, mais qui accuse hautement les tyrans, c'est que la terre que féconde la sueur de l'homme libre, se dessèche et devient arride quand elle est arrosée par les larmes de l'esclave! O liberté! Que ta puissance est grande, que ton règne est doux; tes ennemis sont ceux du genre humain. Un homme, quelque soit sa couleur, s'il est dans l'esclavage, cesse-t-il, pour cela, d'être mon frère? dois-je lui fermer mon cœur?.... L'abandonner dans cet instant déplorable, ne serait-ce pas s'allier de fait avec ses persécuteurs? Oh non, sans doute, le cri de ma conscience m'apprend que je dois secourir mon semblable dans le malheur! S'il est esclave, la nature m'ordonne de le délivrer! s'il n'est pas en ma puissance de lui procurer la liberté, je lui donnerai des consolations, des espérances, et je verserai des larmes sur son sort; mais son maître est partout un tyran que je déteste et que je maudis.

FIN.

Ce 30 *Mars*, 1821. An 6e. de la Charte.

Imprimerie de Vigor RENAUDIERE, Marché-Neuf, no. 48.

www.ingramcontent.com/pod-product-compliance
Ingram Content Group UK Ltd.
Pitfield, Milton Keynes, MK11 3LW, UK
UKHW021907260726
13966UKWH00006B/1276

9 782012 899209